Laura Lapeira Rodríguez

APULEYO EDICIONES   FOMENTO DE VALORES   CUENTOS ILUSTRADOS

LA Luciérnaga AZUL

APULEYO EDICIONES   FOMENTO DE VALORES   CUENTOS ILUSTRADOS

Gracias a todas esas lucecitas azules que me han enseñado a ver el mundo siempre desde el corazón.

En un hermoso bosque lleno de grandes árboles y olorosas flores, vivía un grupo de luciérnagas, todas ellas con su bonita luz blanca en el "culete", que encendían al anochecer, excepto una de ellas, llamada "Doris". Ella era una bella luciérnaga que no tenía esa luz blanca y luminosa, sino una luz azul y armoniosa que, cuando la encendía y brillaba, todo a su alrededor se llenaba de paz, tranquilidad y quietud por un instante.

Ella nació así, ya desde pequeña su mamá luciérnaga vio que Doris era especial, una luciérnaga feliz y sonriente, poco comunicativa, pero con una mirada que transmitía todo su candor y bondad. Ella miraba al sol cada día, expectante, e iba volando y volando por los aires, sin miedo a nada, como un pajarillo con grandes alas y gran corazón. Y cuando por la noche oscurecía, todo el bosque se llenaba de una luz blanca intensa y parpadeante entre los árboles, las flores y los arbustos. Pero allí donde estaba posada Doris, aparecía una esplendorosa luz azul, con un brillo y un aura especial.

Cierto día, la mamá de Doris habló con el doctor grillo para preguntarle por qué su pequeña luciérnaga tenía esa luz azul. Era algo muy extraño, nadie de su familia la tenía y eso le preocupaba ya que las demás luciérnagas la miraban extrañadas, sin que Doris fuera consciente de ello.

Doris no se preocupaba, por el día jugaba con las flores y los demás insectos, olía el néctar y aleteaba sus pequeñas alas de allá para acá canturreando por todos lados. Y así todos los días, con su misma rutina: se levantaba al amanecer, desayunaba, iba al cole de luciérnagas, jugaba en el recreo... Pero, a veces, le costaba controlar su luz, esa luz tan azulada... "¿Por qué será? ¿Seré diferente? ¿Qué me pasa?".

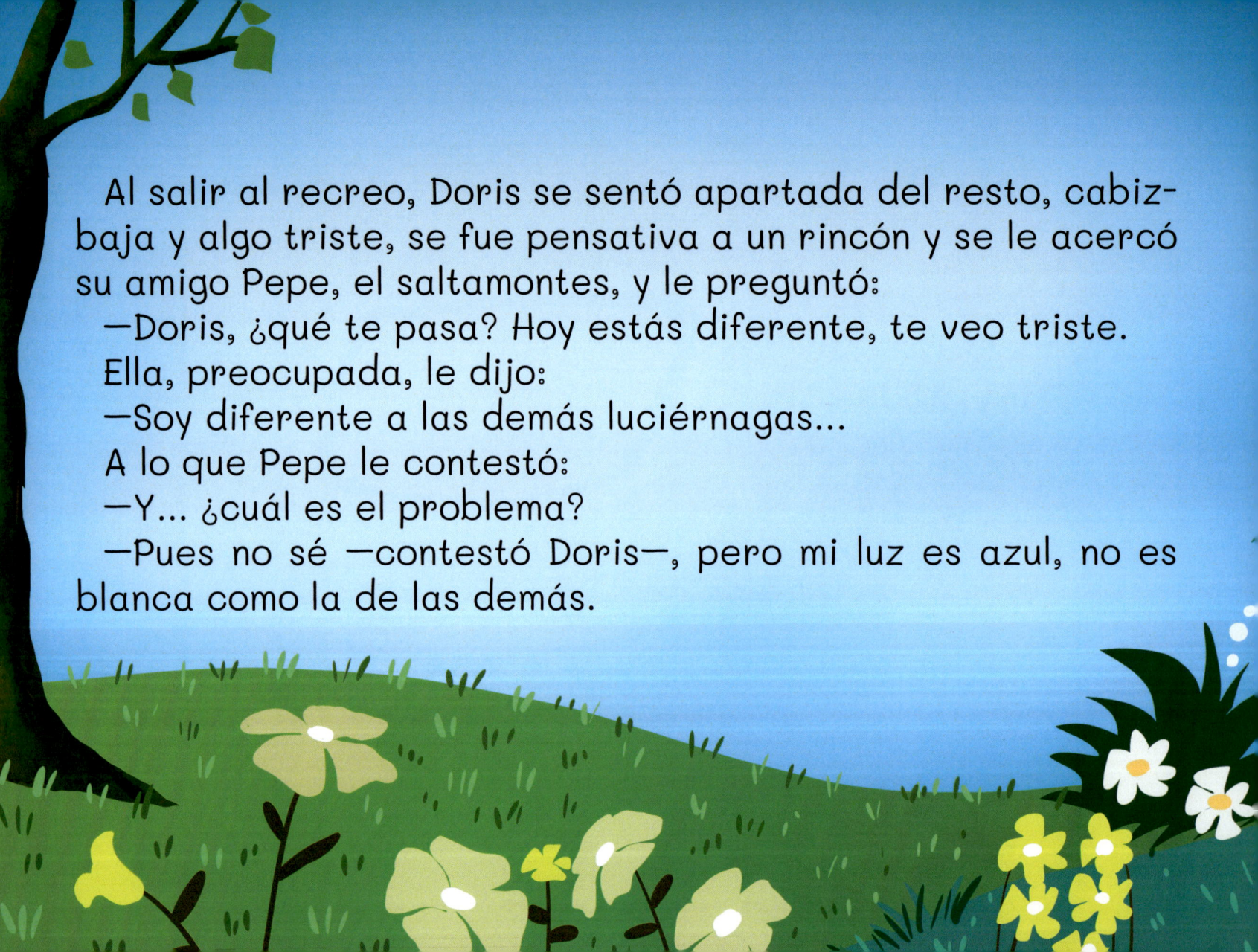

Al salir al recreo, Doris se sentó apartada del resto, cabiz-baja y algo triste, se fue pensativa a un rincón y se le acercó su amigo Pepe, el saltamontes, y le preguntó:

—Doris, ¿qué te pasa? Hoy estás diferente, te veo triste.

Ella, preocupada, le dijo:

—Soy diferente a las demás luciérnagas...

A lo que Pepe le contestó:

—Y... ¿cuál es el problema?

—Pues no sé —contestó Doris—, pero mi luz es azul, no es blanca como la de las demás.

El saltamontes le contó la historia de un primo suyo que saltaba de una forma diferente a los demás saltamontes de la familia pero, no por ello, él se consideraba diferente o raro. Al contrario, su primo se sentía un saltamontes EXCEPCIONAL, que simplemente saltaba de otra forma y eso lo hacía ÚNICO Y GENUINO. No había nadie como él y estaba muy orgulloso. Nada ni nadie podía hacerle sentir raro porque él estaba tan seguro de sí mismo que las opiniones de los demás no le importaban en absoluto.

Doris se quedó pensativa y empezó a mirar a su alrededor lentamente y a observar las diferentes cosas, animales o plantas azules que había: un pez azul, una flor azul, un elefante azul, el río con su agua cristalina y azul, etc. Entonces, ella misma se preguntó:

—¿Y por qué yo no puedo tener mi propia luz AZUL? Pues sí, sí que la puedo tener y es diferente, sí, pero a quien sabe apreciarla le llena el corazón y el alma de amor, gratitud y tranquilidad porque eso es lo que transmito yo.

YO SOY AZUL... ¿Y TÚ? PIENSA EN TODO LO QUE TIENES A TU ALREDEDOR Y VERÁS COMO EN LA DIFERENCIA ESTÁ TU ESENCIA, SÉ COMO QUIERAS SER, BRILLA SIEMPRE CON LUZ PROPIA, COMO LO HIZO DORIS.

© Laura Lapeira Rodríguez (de la obra)
©Apuleyo Ediciones (de esta edición)
Primera edición en Apuleyo Ediciones: diciembre 2024
Diseño de cubierta: F.J.Garrido Barroso
Corrección: Aitor Andreu Guerrero
Maquetación: F.J.Garrido Barroso
Ilustraciones: Cleiton Gomes
Coordinación editorial: Isidoro Cidre González
info@apuleyoediciones.com
www.apuleyoediciones.com
ISBN: 978-84-10068-46-9
Depósito legal: H 560-2023

Hecho e impreso en España.